DINOSAURIOS CON PLUMAS

POR **"DINO" DON LESSEM**
ILUSTRACIONES POR **JOHN BINDON**

EDICIONES LERNER / MINNEAPOLIS

Para Marshall Sikowitz, un gran amigo

La edición en español fue realizada por un equipo de traductores nativos de español de translations.com, empresa mundial dedicada a la traducción.

ediciones Lerner
Una división de Lerner Publishing Group
241 First Avenue North
Minneapolis, MN 55401 EUA

Dirección de Internet: www.lernerbooks.com

Las fotografías que aparecen en este libro son cortesía de: © Tom & Therisa Stack/Tom Stack & Assoc., pág. 14; © Museo de Historia Natural del Condado de Los Ángeles, pág. 15; © Dr. Philip Currie, pág. 20; © Museo de Historia Natural de Londres, pág. 21.

Library of Congress Cataloging-in-Publication-Data

Lessem, Don.
     (Feathered dinosaurs. Spanish)
     Dinosaurios con plumas / por "Dino" Don Lessem ; ilustraciones por John Bindon.
        p. cm. — (Conoce a los dinosaurios)
     Includes index.
     ISBN-13: 978-0-8225-6242-9 (lib. bdg. : alk. paper)
     ISBN-10: 0-8225-6242-1 (lib. bdg. : alk. paper)
     1. Dinosaurs—Juvenile literature. 2. Birds, Fossil—Juvenile literature. 3. Birds—Origin—Juvenile literature. I. Title.
     QE861.5.L476518 2007
        567.912—dc22   2006001833

Fabricado en los Estados Unidos de América
1 2 3 4 5 6 – DP – 12 11 10 09 08 07

CONTENIDO

CONOCE A LOS DINOSAURIOS CON PLUMAS

¡BIENVENIDOS, FANÁTICOS DE LOS DINOSAURIOS!

Soy "Dino" Don. Los dinosaurios ME ENCANTAN. Los dinosaurios con plumas son uno de los descubrimientos más recientes y extraños sobre los dinosaurios. Ven a conocer estos fascinantes animales.

ARCHAEOPTERYX
Longitud: 4 pies (1.2 metros)
Hogar: Europa central
Época: hace 145 millones de años
La mayoría de los científicos creen que el *Archaeopteryx* es un tipo de ave antigua.

BEIPIAOSAURUS
Longitud: 7 pies (2 metros)
Hogar: noreste de China
Época: hace 125 millones de años

CAUDIPTERYX
Longitud: 3 pies (0.9 metros)
Hogar: noreste de China
Época: hace 125 millones de años

MICRORRAPTOR
Longitud: 1.8 pies (0.5 metros)
Hogar: noreste de China
Época: hace 124 millones de años

SINORNITHOSAURUS
Longitud: 3.5 pies (1 metro)
Hogar: noreste de China
Época: hace 125 millones de años

SINOSAUROPTERYX
Longitud: 3.5 pies (1 metro)
Hogar: noreste de China
Época: hace 135 millones de años

SINOVENATOR
Longitud: 3 pies (0.9 metros)
Hogar: noreste de China
Época: hace 130 millones de años

DINOSAURIOS Y AVES

El anochecer está cerca en un día hace 125 millones de años. El aire está frío. Un pequeño animal extiende las plumas de su cola para atraer a otro de su tipo. Plumas blandas y esponjosas cubren su cuerpo para mantenerlo caliente.

¿Qué es este extraño animal con plumas? ¿Es un ave? Se llama *Caudipteryx*, y no es un ave. ¡Es un dinosaurio con plumas!

LA ÉPOCA DE LOS DINOSAURIOS CON PLUMAS

Archaeopteryx

Sinosauropteryx

Hace 145 millones de años

Hace 135 millones de años

El *Caudipteryx* y otros dinosaurios vivieron sobre la tierra hace millones de años. Ponían huevos, como las tortugas y otros **reptiles**. Algunos dinosaurios tenían piel escamosa, como los reptiles, pero eran parientes mucho más cercanos de las aves.

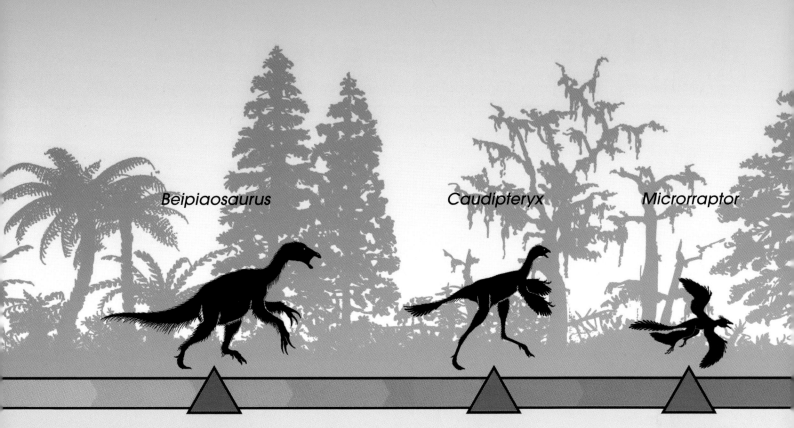

Beipiaosaurus   *Caudipteryx*   *Microrraptor*

Hace 125
millones
de años

Hace 125
millones
de años

Hace 124
millones
de años

Las aves y los dinosaurios carnívoros eran
los grupos que más se parecían. Ambos
caminaban con las patas estiradas bajo el
cuerpo. Ambos tenían huesos huecos.
Algunos dinosaurios carnívoros incluso
tenían plumas.

HALLAZGOS DE FÓSILES CON PLUMAS

Los números en el mapa de la página 11 indican algunos de los lugares donde se han encontrado fósiles de los dinosaurios con plumas que aparecen en este libro. En esta página puedes ver los nombres y las siluetas de los dinosaurios que corresponden a los números en el mapa.

1. Archaeopteryx 2. Beipiaosaurus 3. Caudipteryx 4. Microrraptor

5. Sinornithosaurus 6. Sinosauropteryx 7. Sinovenator

Sabemos que algunos dinosaurios tenían plumas, gracias a los **fósiles**. Los fósiles son rastros dejados por animales y plantas que murieron. Los fósiles ayudan a los científicos a entender qué aspecto tenían los dinosaurios y cómo vivían. Los mejores fósiles muestran muchos detalles, como las marcas que dejaron las diminutas plumas.

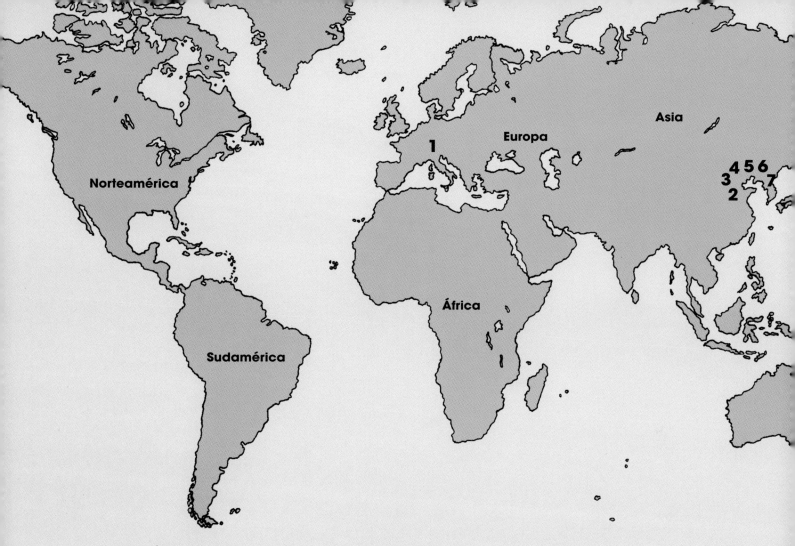

Es probable que los dinosaurios con plumas
habitaran en todo el mundo. Hasta ahora, los
científicos han encontrado sus fósiles sólo en
China. Los fósiles de los dinosaurios con plumas
han hecho que cambiemos nuestras ideas
sobre qué es un dinosaurio y qué es un ave.

Una criatura vuela por un bosque en Alemania, hace 145 millones de años. El *Archaeopteryx* baja en picada para atrapar un insecto y comerlo. Al igual que los dinosaurios carnívoros, el *Archaeopteryx* tenía huesos huecos. También tenía garras y dientes, como los demás dinosaurios.

En 1861, los científicos descubrieron el fósil de un *Archaeopteryx*. En un principio, pensaron que se trataba de un dinosaurio, pero tenía huesos fuertes en el pecho y plumas con la forma adecuada para volar, que los dinosaurios no tenían. ¡El *Archaeopteryx* era el ave más antigua que se había encontrado!

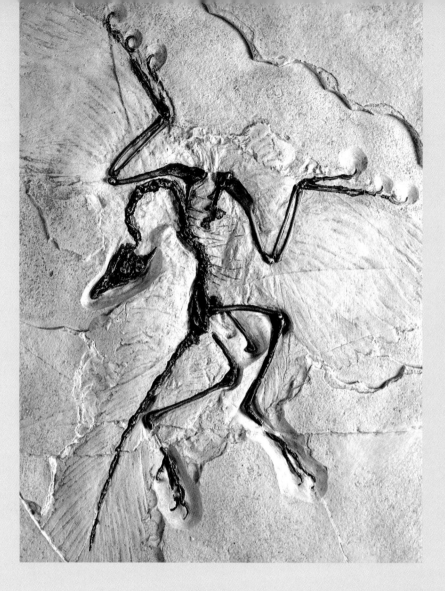

Las aves de la antigüedad, como este *Archaeopteryx*, eran distintas de las aves modernas. Las aves modernas tienen pico, pero no dientes. El *Archaeopteryx* y otras aves antiguas tenían dientes, pero no pico.

Las aves de la época de los dinosaurios tenían
alas con manos largas y garras en los dedos.
La mayoría de las aves modernas, como este
cuervo, no tienen garras en las alas. Las aves
antiguas también tenían una cola más larga
que las modernas.

Epidendrosaurus

Las aves antiguas y los dinosaurios se parecían en muchas cosas. Algunos dinosaurios carnívoros y aves antiguas tenían aproximadamente el mismo tamaño. Ambos tenían cola larga, y algunos dinosaurios tenían plumas.

Cuervo

Sin embargo, los dinosaurios con plumas son distintos de las aves modernas. Las plumas de la mayoría de las aves modernas les sirven para volar. Las de los dinosaurios no servían para eso. Los huesos del pecho de las aves modernas son más fuertes que los de los dinosaurios. Esos huesos sirven para volar.

DESCUBRIMIENTO DE DINOSAURIOS CON PLUMAS

Hace millones de años, al norte de China, un volcán hizo erupción. Muchos animales murieron. El polvo cubrió lentamente los animales muertos. Con el paso de millones de años, el polvo se convirtió en roca que conservó los animales como fósiles.

En 1996, los científicos descubrieron estos sorprendentes fósiles. Uno de los hermosos fósiles que encontraron era de un pequeño dinosaurio llamado *Sinosauropteryx*. Tenía el cuerpo cubierto por una capa velluda. ¿Se trataba de un tipo de plumas?

En 1997, científicos en Liaoning, China, hicieron otro fascinante descubrimiento. Encontraron fósiles de *Caudipteryx*. Era el dinosaurio más parecido a un ave que se conocía hasta el momento. El *Caudipteryx* tenía dientes que apuntaban hacia delante y parecían el pico de un ave.

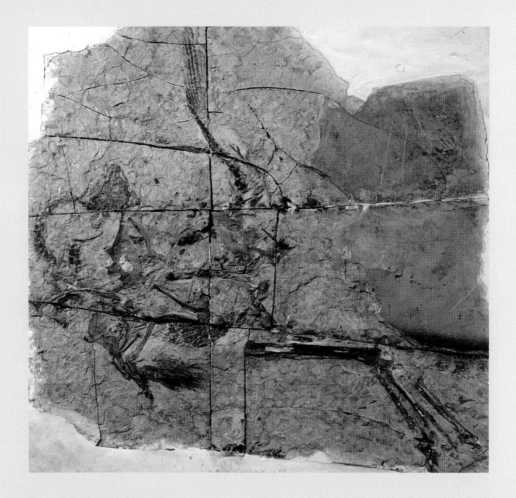

El *Caudipteryx* también tenía brazos cortos y fuertes, con diminutas plumas en las puntas. Estas plumas tenían la misma forma que las de las aves modernas. Pero la parte más extraña era la punta de la cola. Tenía plumas largas que pudo haber usado para atraer a otros *Caudipteryx*.

Otro dinosaurio se parecía aún más a las aves.
El *Sinornithosaurus* pertenecía a un grupo de
pequeños dinosaurios carnívoros con garras
asesinas. Sin embargo, el *Sinornithosaurus* era
mucho más pequeño que el *Velocirraptor* y
otros dinosaurios de ese grupo.

El *Sinornithosaurus* se parecía mucho al *Archaeopteryx*, el ave más antigua conocida. Sin embargo, este dinosaurio tenía una gruesa cubierta de vello y no podía volar.

¿POR QUÉ PLUMAS?

El *Beipiaosaurus* se acurruca en el frío bosque. Este extraño dinosaurio con plumas medía 7 pies (2 metros) de largo. Era el más grande de los dinosaurios parecidos a aves encontrados en China. El *Beipiaosaurus* tenía una cabeza pequeña, patas gruesas y vientre grande. Su cuerpo no estaba hecho para volar.

¿Por qué los dinosaurios como el *Beipiaosaurus* tenían plumas si no podían volar? Tal vez las plumas los ayudaban a mantenerse calientes. Los dinosaurios herbívoros tenían cuerpos grandes que les permitían conservar el calor, pero los dinosaurios con plumas que conocemos eran todos carnívoros pequeños. Sin plumas, podrían haberse enfriado rápidamente.

El *Sinovenator* tenía plumas en los brazos y la cola, aunque sus plumas y cuerpo no eran adecuados para volar. El *Sinovenator* era un pariente de menor tamaño del Troodon, el dinosaurio más inteligente.

Como el *Troodon*, el *Sinovenator* tenía un
cerebro grande y garras filosas. También era
un corredor veloz y podía cazar y defenderse
fácilmente. No necesitaba volar para atrapar
su alimento o escapar del peligro. Tal vez este
dinosaurio sacudía las plumas de los brazos y
la cola para atraer a otros *Sinovenator* adultos.

Los científicos solían pensar que ningún dinosaurio podía volar. Sin embargo, hallazgos recientes muestran que es posible que algunos dinosaurios volaran. Uno de ellos es el *Microrraptor*. No era más grande que un cuervo.

El *Microrraptor* tenía largas patas delanteras y traseras con plumas, así que parecían alas. Es posible que el *Microrraptor* saltara desde los árboles y planeara por el aire. Tal vez planeaba para atrapar insectos y lagartos como alimento.

Hace aproximadamente 65 millones de años, los dinosaurios se extinguieron. ¿Qué los mató? Los científicos creen que **asteroides** pudieron haber causado incendios o provocado la erupción de volcanes. El aire se habría llenado de polvo y éste habría bloqueado la luz del sol. Los dinosaurios y otros animales desaparecieron en esa época.

Pero las aves no se extinguieron. Nadie sabe
por qué estos parientes de los dinosaurios
con plumas sobrevivieron. Tal vez nuevos
descubrimientos en China nos ayuden a
resolver este misterio. Quizás algún día
entenderemos por qué vemos aves en el
cielo pero no dinosaurios en la tierra.

GLOSARIO

asteroides: grandes masas rocosas que se mueven por el espacio

fósiles: restos, huellas o rastros de algo que vivió hace mucho tiempo

reptiles: grupo de animales que tienen escamas en la piel y pulmones para respirar aire

ÍNDICE